असुन्दर सुन्दर

जितेन्द्र श्रीवास्तव

वाणी प्रकाशन ग्रुप
भारतीय ज्ञानपीठ
वाणी प्रकाशन : भारतीय ज्ञानपीठ की पुस्तकों के एकमात्र प्रकाशक एवं वितरक

लोकोदय ग्रन्थमाला : ग्रन्थांक 954

पहला संस्करण : 2008
दूसरा संस्करण : 2023
तीसरा संस्करण : 2025

वाणी प्रकाशन ग्रुप
भारतीय ज्ञानपीठ

वाणी प्रकाशन : भारतीय ज्ञानपीठ की पुस्तकों के एकमात्र प्रकाशक एवं वितरक

वाणी प्रकाशन
4695, 21-ए, दरियागंज, नयी दिल्ली-110 002
दूरभाष : 011-23273167, 23275710
ईमेल : sales@vaniprakashan.in
www.vaniprakashan.com

ISBN : 978-81-19014-72-9

मूल्य : ₹ 595

असुन्दर सुन्दर
(कविता-संग्रह)
जितेन्द्र श्रीवास्तव

ASUNDAR SUNDAR
(Poetry Collection)
by Jitendra Srivastav

आवरण : संजीव वर्मा

मुद्रक : आर. टेक ऑफ़सेट प्रिंटर्स, दिल्ली-110 032

बाबूजी की स्मृति में
यह संग्रह
माई के लिए

अनुक्रम

एक सोते हुए आदमी को देखकर

वह आदमी सो रहा है
खिड़की पर सिर टिकाये
और बस दौड़ रही है
पचास साल पुरानी एक सड़क पर

जब-जब हचकती है बस
थोड़ा-सा कुनमुनाता है वह
फिर लौट जाता है साधनावस्था में

मैं लगातार देख रहा हूँ उसे
और सोच रहा हूँ उसी के विषय में
जबकि उसे जानने के लिए
मेरे पास कोई और स्रोत नहीं है
उसकी नींद के सिवाय

मैं सोच रहा हूँ
उस आदमी के विषय में
जो ठीक इस पल
लग रहा है सबसे सुखी धरती पर!

पर क्या वह सचमुच सुखी है
क्या वह सचमुच सो रहा है

क्या ऐसा नहीं हो सकता
कि वह सबसे दुःखी प्राणी हो धरती का
और दुःख को मुँह चिढ़ाने के लिए
अभिनय कर रहा हो निश्चिन्त सोने का?

क्या ऐसा नहीं हो सकता
कि उसके भीतर चल रहा हो एक युद्ध
और वह इस प्रकार चलती बस में सोकर
कुछ पल के लिए घोषित करना चाहता हो युद्ध-विराम?

क्या ऐसा नहीं हो सकता
कि वह लौट रहा हो
नयी-नयी ब्याही बेटी के घर से
या बेटे की नौकरी से ही?

हो सकता है
वह रात भर जगा हो खलिहान में
या जागना हो उसे रात भर
किसी उम्मीद में!

मैं लगातार सोच रहा हूँ
लगातार
नये विचार आ रहे हैं मन में

सोचता हूँ
जगा दूँ उसे
पर अगले ही पल रुक जाता हूँ
हो सकता है
सचमुच सो रहा हो वह
और बहुत दिनों बाद आयी हो उसे गहरी नींद
उसके रोम-रोम शिथिल हों इस पल

हो सकता है
इस समय अचानक जगाने पर
बुरा मान जाए वह
या कूद कर भागने लगे सड़क पर

आख़िर
जुग-जमाना कितना ख़राब है
किसका भरोसा
कि किसने किसलिए जगाया
कि किसने किसलिए बुलाया!

इसलिए इस समय
उचित यही है
कि उसकी नींद को
उसके पास छोड़कर
मुझे लौटना चाहिए
अपनी नींद के पास
और न चाहते हुए भी ज़रूर सोचना चाहिए
कि बस तो बस है
आख़िर नींद रात भर क्यों नहीं आती!

रक्त-सा लाल एक फूल

मैं उतर आया पहाड़ से!

रोज़ी लेकर गयी थी पहाड़
रोज़ी ने उतार दिया पहाड़ से

लेकिन मैं उस तरह नहीं उतरा
जैसे उतरती है नदियाँ
उस पत्थर की तरह भी नहीं
जो अनचाहे फिसल जाता है
अपनी जगह से

मेरी इच्छा में शामिल नहीं था पहाड़
वह बाहर भी नहीं था इच्छा से
उन दिनों जीविका के लिए
जाना पड़ता चाँद पर तो वहाँ भी चला जाता

मैं सैलानी नहीं था
मेरे पीछे एक घर था
जो ताक रहा था निर्निमेष मेरी ओर

मैं पहुँचा पहाड़
मैं रमा पहाड़ में
मैंने जाना वहाँ

कहीं कोई फ़र्क़ नहीं था रोटी में
हवा में उतना ही दुलार था
नींद में उतना ही घनत्व

पर समय रुक न सका
जैसे नहीं रुक पाता
देर तक पलकों पर ठहरा पानी
मैं उतर आया पहाड़ से!

समय के साथ छूट जाते हैं बहुत से लोग
समय के साथ भुला जाते हैं बहुत से लोग
पर कुछ-न-कुछ होता है ऐसा
जिस पर नहीं चढ़ती समय की धूल

वर्षों बीत गये पहाड़ से लौटे
वर्षों बीत गये मैं नहीं लौट पाया पहाड़
पर आज भी मेरी आँखों में बचा है
रक्त-सा लाल एक फूल बुरूँस का।

घर की पहचान

किसी घर को पहचानना
उसके ईंटों-पत्थरों, रंग-रोगन और नम्बर को जानना नहीं होता
वह गली के मोड़ पर है
या नदी के किनारे
या किसी बागीचे में
इससे भी नहीं होती उसकी पहचान

उसमें रहने वालों का रंग कैसा है
कितनी सुन्दर लड़कियाँ हैं उस घर में
या कितने गबरू जवान
इससे भी नहीं बनती पहचान किसी घर की

किसी घर की पहली पहचान उस गन्ध से बनती है
जो उतर जाती है अन्तस्थल में अनजाने-अनचाहे
उधर से आते-जाते

किसी घर की दूसरी पहचान बनती है
उसमें बसे जीवन के रंग से
और सबसे अहम पहचान बनती है
उसमें रहने वालों के कर्म के समुच्चय से

किसी घर को जानना
दाल में नमक के अनुपात को जानना नहीं होता

और न ही किसी फेसक्रीम की गुणवत्ता को
या खिजाब के रंग को

किसी घर को जानना
सपनों के एक समूह को जानना है
घर वही होता है जो सपनों से बनता है
और सपने सँजोए चलता रहता है अथक अनवरत

लगातार संघर्षों के बाद
जब हारता है कोई घर
पृथ्वी तनिक और उदास हो जाती है।

ज़रूर जाऊँगा कलकत्ता

अभी और कितनी दूर है कलकत्ता
वही कलकत्ता
जहाँ पहुँचे थे कभी अपने मिर्ज़ा ग़ालिब
और लौटे थे
ज़ेहन में आधुनिकता लेकर

मैंने कितनी-कितनी बार दुहराया है
वह शेर
किसी सबक की तरह
जिसमें दुविधा के बीच
जीवन की राह तलाशता है शायर

वहाँ सवाल ईमान और कुफ़्र का नहीं
वहाँ सवाल धर्मी और विधर्मी का नहीं
वहाँ सवाल एक नयी रोशनी का है

ग़ालिब की यात्रा के सैकड़ों साल बाद
मैं हिन्दी का एक अदना-सा कवि
जा रहा हूँ कलकत्ता

मन में गहरी बेचैनी है
इधर बदल गये हैं हमारे शहर
वहाँ अदृश्य हो रहे हैं आत्मा के वृक्ष

अब कोई आँधी नहीं आती
जो उड़ा दे भ्रम की चादर

यह जादुई विज्ञापनों का समय है
यह विस्मरण का समय है

इस समय रिश्तों पर बात करना
प्रागैतिहासिक काल पर बात करने जैसा हो गया है

हमारे शहर बदल गये हैं
कलकत्ता भी बदल गया होगा
पर अभी कितनी दूर है वह
बैठे-बैठे पिरा रही है कमर
बढ़ती जा रही है हसरत
कितना समय लगा होगा ग़ालिब को
वहाँ पहुँचने में
महज़ देह नहीं
आत्मा भी दुखी होगी उनकी

उनके लिए कलकत्ता महज़ एक शहर नहीं था
उनकी यात्रा किसी सैलानी की यात्रा न थी

जब हम देखते हैं किसी शहर को
वह शहर भी देखता है हमको
कलकत्ते ने देखा होगा हमारे महाकवि को
उसके आँसुओं को
उसकी उदासी को
उसके दुख को

क्या कलकत्ते ने देखा होगा
हमारे महाकवि की आत्मा को
उसके भीतर बहती अजस्र कविता को?

मैं कलकत्ते में
कैसे पहचानूँगा उस पत्थर को
जिस पर समय से दो हाथ करता
कुछ पल सुस्ताने के लिए बैठा होगा
हमारी कविता का मस्तक
रेख़्ते का वह उस्ताद

मैं जी भर देखना चाहता हूँ कलकत्ता
इसलिए चाहे जितना पिराये कमर
चाहे जितनी सताये थकान
मैं लौटूँगा नहीं दिल्ली
ज़रूर जाऊँगा कलकत्ता।

सन् 2005 का भारतभूषण पुरस्कार युवा कवि जितेन्द्र श्रीवास्तव की, 'तद्भव' 2005 के अक्टूबर अंक में प्रकाशित कविता 'ज़रूर जाऊँगा कलकत्ता' के लिए प्रदान करने का निर्णय लिया गया है। इस युवा कवि की कविताएँ पिछले दिनों लगातार पत्र-पत्रिकाओं में प्रकाशित होती रही हैं, जिन्होंने व्यापक रूप से पाठकों का ध्यान आकृष्ट किया है।

'ज़रूर जाऊँगा कलकत्ता' शीर्षक से आभास होता है कि यह कविता कलकत्ता के बारे में है। परन्तु वास्तविकता यह है कि इसके केन्द्र में ग़ालिब की प्रसिद्ध कलकत्ता-यात्रा की स्मृति है। पूरी कविता इस स्मृति के साथ की जाने वाली एक सर्जनात्मक यात्रा है। कह सकते हैं कि विषय की यह विशिष्टता ही इस कविता की ओर सबसे पहले ध्यान आकृष्ट करती है। कविता की पृष्ठभूमि में ग़ालिब के एक प्रसिद्ध शेर की धीमी अनुगूँज भी सुनी जा सकती है। यदि ध्यान से देखें तो प्रस्तुत कविता के तल में दिल्ली और कलकत्ता— इन दोनों के बीच का एक चुपचाप तनाव भी दिखाई पड़ सकता है, जो अन्तिम पंक्तियों में ख़ासतौर से 'ध्वनित' है। यदि कविता में आये हुए एक टुकड़े का इस्तेमाल करें तो वस्तुत: यह कविता 'हमारी कविता के मस्तक' मिर्ज़ा ग़ालिब की ऐतिहासिक कलकत्ता-यात्रा के प्रति एक युवा हिन्दी कवि की विनम्र काव्यांजलि है, जिसकी अर्थवत्ता वर्तमान सामाजिक-राजनीतिक सन्दर्भ में और बढ़ जाती है। यह कहना अप्रासंगिक न होगा कि इस कविता पर निर्णय लेते समय इस युवा कवि के समग्र कृतित्व को ध्यान में रखा गया है।

17 अगस्त, 2006

—केदारनाथ सिंह

मैं इक चिड़िया हूँ पापा!

मैं इक चिड़िया हूँ पापा
देखो तो!

धरती चिड़िया के पास है
आसमान उसकी आस है
पंख उसके पास हैं
बिना रोक-टोक वह उड़ती है
थक जाए तो
जिस टहनी पर चाहती है
बैठती है
गीत अपने गाती है

देखो तो पापा
चिड़िया कितनी खुश है!
दाना उसकी चोंच में है
उसका घर
उसकी पसन्द है

देखो तो पापा
उसका घर!
वह दुनिया की पहली वास्तुकार
कितनी सजग उसकी दृष्टि
कितना सघन संसार

सोचो तो पापा
मैं तुम्हारी बिटिया
इक चिड़िया हूँ
अपने मन की!

सोचो तो पापा
सोचो न!

यात्रा

घुप्प अँधेरे में अँधेरा चीरती एक रेलगाड़ी
सरपट भागी जा रही है झाँसी की ओर
कल शाम इसे पहुँचना है मुम्बई सेंट्रल

भागती ट्रेन के साथ छूटते जाते हैं तेज़ी से
लाइन किनारे पसरे गाँव-जवार

कहीं-कहीं रेलगाड़ी के साथ-साथ
दौड़ते हैं बच्चे थोड़ी रोशनी पाकर
जैसे काबू में करना चाहते हों समय
पर समय भागता है अदेखे-अचीन्हे हिरन की तरह

रेल की खिड़की से झाँकता है एक यात्री
पलभर में दिख जाता है कहीं दूर जलता एक चिराग
उसे याद आता है एक लोकगीत
जिसे अक्सर गुनगुनाते थे उसके पिता
खेत की मेड़ पर खड़े होकर

वह सोचता है
चलती रेल से नहीं देखा जा सकता है मन भर बाहर
पहले ऐसा हो जाता था कुछ-कुछ
जब चलती थीं छोटी लाइन की गाड़ियाँ छुक-छुक करती हुई

धीरे-धीरे कम हो गयीं छोटी लाइनें
और उन पर चलने वाली गाड़ियाँ
वैसे इन दिनों भी छोटी लाइन की गाड़ियों में बैठकर
आप देख सकते हैं आस-पास अँधेरे में जलते चिराग
और कभी-कभी कहीं चूल्हे से उठता धुआँ भी

ऐसे में करते हुए सफ़र आप रुकना चाहें तो
छोटे-से-छोटे स्टेशन पर रुक सकते हैं
और सोच सकते हैं सातवें दशक की किसी फ़िल्म के विषय में

हो सकता है उन्हीं क्षणों में
कहीं से उड़ती हुई आये तुरन्त सिंकी रोटी की महक
और आपको याद आ जाएँ
पत्नी की उँगलियाँ और इन्तज़ार करती पुतलियाँ।

बिलकुल तुम्हारी तरह

यहाँ दूर पहाड़ों पर मैं अकेला
वहाँ घर में बेटियों बीच तुम

इस समय एक ऊँची चोटी पर खड़ा
मैं नीरव नयनों से निहार रहा हूँ छँटते बादलों को
धीरे-धीरे धूप चढ़ रही है घरों पर
मुझे याद आ रहा है तुम्हारा चेहरा

ठीक इन्हीं क्षणों में
न जाने क्या कर रही होगी तुम!

शायद नहलाकर बेटियों को
सँवार रही होगी उनके बाल
निरख रही होगी उनके चेहरे
लोग कहते हैं
बड़ी की आँखें हैं मेरी तरह
छोटी की तुम्हारी तरह

इधर कई दिनों से अकेले
तुम सँभाल रही होगी घर-बाहर
मैं तो थक जाता हूँ अक्सर
ठीक से नहीं कर पाता अपने हिस्से का भी काम

और तुम हो
जो सब कुछ कर लेती हो हँसती हुई चुपचाप

लेकिन अबकी जब मैं घर आऊँ
एक बात बताना मुझको
आख़िर किस ताख पर रख दिया तुमने अपना ग़ुस्सा
तुम्हारी वह जीभ कहाँ गुम हो गयी
जो बता सकती है अपने स्वाद और अपनी इच्छाएँ

मुझे याद है
जबसे हम साथ-साथ हैं
ऐसा कई बार हुआ है जब
मैं लौटा हूँ अपनी यात्राओं से तब
मेरे कुछ कहने से पहले ही
तुमने लपक कर थाम लिया है मेरा दुःख
मैं अच्छी तरह जानता हूँ
तुम पहचानती हो मेरे सुख का रंग   उसकी भाषा
पर संग-साथ के इतने वर्षों बाद भी
ठीक यही बात मैं नहीं कह पाऊँगा अपने लिए!

मैं जानता हूँ यह अपराध है
पर क्या करूँ
कहाँ से लाऊँ
अपने भीतर एक स्त्री की आत्मा!
वह भी एक ऐसे समय में
जब बच्चियाँ मारी जा रही हैं कोख में ही

फिर भी एक इच्छा है मन में
कि अबकी जब मैं घर आऊँ
तुम अपनी कहो
अपने जैसों की कहो

और मैं सुनूँ उसी तरह
जैसे सुनती हो तुम

वैसे सच-सच बताना
क्या तुम्हें लगता है
मैं सब कुछ सुन पाऊँगा
बिलकुल तुम्हारी तरह ?

दिल्ली में लालटेन

दिल्ली में बन रहे घरों के नक़्शे में
कोई जगह नहीं लालटेन की
उस वास्तुकार के नक़्शे में भी नहीं
जिसने आँखें खोली थीं लालटेन की रोशनी में ही

मैं अपनी लालटेन को कहाँ रखूँ
किस ताख पर
किस दीयाठी पर
कहाँ टाँग दूँ
किस खूँटी पर

किसे बताऊँ मैं
इस लालटेन और मेरी आत्मा का
एक रिश्ता है पुरातन

मैंने इसकी रोशनी में ही दुहरायी वर्णमाला
याद किया सबक

आप यक़ीन मानें तो एक रहस्य बताऊँ
मैंने अपने बचपन में लालटेन की रोशनी में
किताबों को वस्त्र बदलते देखा था
मैंने महसूस किया था उनका जादू
मैंने छूकर देखा था उनकी चमक को

आप चाहें तो मेरी पुतलियों में
वह रोमांच देख सकते हैं आज भी

वे दिन मेरी स्मृति में चमकते हैं तितली के पंखों सरीखे
जब लालटेन की रोशनी में
बदल जाता था पिता जी का चेहरा
माँ के गीत मन्त्र की तरह गूँजते थे
उसकी आँखों में उतर आती थी आसमानी आभा
रात के जल में उठती थीं तरंगें

मैं कैसे भूल सकता हूँ
जब सर्दियों में एक रात
मेरे शहर में नहीं थी बिजली
मैंने लालटेन की आँच भरी रोशनी में
लिखा था पहला प्रेमपत्र

आज मेरे घर में कई चीज़ें हैं
सबकी जगह सुरक्षित है
बस यह लालटेन उपेक्षित है
हालाँकि उसे कोई शिक़ायत नहीं है मुझसे

वैसे एक बात बताऊँ
न जाने क्यों मुझे लगता है
कि किसी ऐसे दिन जब
बिजली इनवर्टर सब छुट्टी पर चले जाएँगे
अमावस की रात में कुछ न सूझेगा
तब थोड़े से मिट्टी के तेल और एक बाती के सहारे
इतनी रोशनी ज़रूर हो जाएगी
कि रसोई में बन सकें रोटियाँ
और अपनी प्रिय किताब से पढ़ा जा सके एक पन्ना।

बभनान

ज़रा ग़ौर से देखिये हिन्दुस्तान का नक़्शा
कहीं बिन्दी-सा लगा होगा बभनान भी

बभनान गाँव है न कस्बा
उसका अपना रंग-रूप है

बभनान में सुबह अलसाई
दोपहर उदास
और शाम अकेली होती है अक्सर

बभनान में ज्यों ही आता है नवम्बर
मिचमिचाने लगती है उसकी आँख
उसकी नाक पर बैठा मिल तेज़-तेज़ छोड़ता है साँस
बोलने पर मुँह में भर जाता है बगास
आँखें बन्द हो जाती हैं अनचाहे

अप्रैल आते-आते
किरकिराने लगती है जीभ बभनान की

चाहे जितना जतन कीजिए
दाँतों के नीचे आ ही जाती है कोयले की राख।

दो

बहुत सारी चीज़ों के बीच
अलग से दीखते हैं बानर बभनान में

जो न रहिये सजग
तो माटी में मिला देंगे ये
गाढ़े की कमाई को

कैसा अजब है
ये बानर भी पहचान हैं बभनान की।

तीन

बभनान में जब आती है जुलाई
तब मुश्किल हो जाता है रात-बिरात चलना
सब कुछ डूब जाता है बरसात के पानी में

बभनान स्थिर है
कुछ धुएँ में
कुछ धूल में
कुछ कीचड़ में

लोगों की कमरतोड़ मेहनत के बाद भी
बदरंग है बभनान।

चार

लालटेन न होती
तो कितना मुश्किल होता रहना बभनान में

रात गुज़र जाती अँधेरे में
पढ़ना नसीब नहीं होता किसी रात
सोती रहतीं   रोती रहतीं किताबें

रात भर आलमारियों में
झींगुर टहलते मेज पर
ताना मारते कान के पास आकर

लालटेन न होती
तो कितना मुश्किल होता रहना बभनान में!

पीढ़ा

किसी समय पीढ़ा
बहुत ज़रूरी समझा जाता था
रसोई घर के लिए

पीढ़े पर बैठकर ही
खाते थे
घर के छोटे-बड़े

पीढ़ा प्रतीक था सम्मान का
घर आये मेहमान को ऊँचा पीढ़ा मिलता था
दुश्मन को भी

मेरे घर में अब भी एक पीढ़ा
चुपचाप पड़ा है बारजे पर

यह माँ के विवाह का पीढ़ा है
यह पिता के सपनों का पीढ़ा है
इसी पर बैठे पिता   इसी पर बैठी माँ
यह पीढ़ा आधार बना पीढ़ी का

इस पीढ़े को बनाया था बढ़ई ने
उन्नीस सौ बावन के आम चुनावों के दिनों में
लकड़ी ओल्ली मियाँ के घर से आयी थी

वही ओल्ली मियाँ जिनका एक बेटा
सैंतालिस में पाकिस्तान चला गया था

अब भी देखिये इस पर
माँ की उँगलियों के निशान होंगे जहाँ-तहाँ
वह जब भी देखती है इसे
उसकी आँखों में पिछले बावन साल उभर आते हैं
दीदी का जन्म, भइया का जन्म, बासठ की लड़ाई
इकहत्तर की लड़ाई, इमर्जेंसी और न जाने क्या-क्या!

यह पीढ़ा महज़ लकड़ी का टुकड़ा नहीं
मेरी माँ की सबसे प्रिय किताब है।

पानी

'पानी रे पानी तेरा रंग कैसा'
गाते थे हम किशोर दिनों में
झूमते हुए भींगते हुए झमाझम बारिश में

नदी के किनारे गाँव था
और गाँव में भी पोखर थे कई
कभी आषाढ़-सावन में किल्लत नहीं देखी हमने पानी की

लोग तो घबरा जाते थे
ठौर-ठौर लगे नलों और चँहटा से
हालाँकि नलों ने सुधार दिया था जीवन

चारों ओर पानी ही पानी था उन दिनों
यह और बात है कि आँखों में पानी अब कम दिखता था
और नयी पीढ़ी डूबने लगी थी
रंगत और नमक के जादुई विज्ञापनी समुद्र में

मैं भी उन्हीं दिनों से एक जादू की डोर पकड़े
भागता रहा हूँ गिरता रहा हूँ समय की सड़क पर

अब मैं दिल्ली में हूँ
देश की राजधानी में
ठीक इसी पल अभी चढ़ा है आषाढ़

ठीक इसी पल अभी नल में आया है पानी
ठीक इसी पल पत्नी ने सहेज ली है साड़ी
पंक्ति में लगा दी हैं कई बाल्टियाँ
अब बारिश में नहाना सम्भव नहीं रहा
आधी छोटी बाल्टी से करना पड़ता है गुज़ारा
कई-कई रोज़ तो लाले पड़ जाते हैं
मिलता नहीं पीने का भी पानी

शायद आपको यक़ीन न आये
लेकिन ठीक इन्हीं पलों में
हमारे प्रतिनिधि व्यस्त हैं
शक्ति के विमर्श और सत्ता के समीकरण में

ठीक इन्हीं पलों में
ऐन राजधानी की जिह्वा पर बैठा एक आदमी
चाट रहा है अपने होंठ प्यास से
और उसकी नाक पर बैठा आदमी
अपनी नाक दबाये पी रहा है प्रदूषित जल

मेरे बचपन के बिछड़े बिखरे दोस्तो!
आज मैं फिर गाना चाहता हूँ
सूखे गले से तपती दोपहरी में
राजपथ से जनपथ की ओर जा रही सड़क पर पैदल चलते हुए
'पानी रे पानी तेरा रंग कैसा'

अपने-अपने जीवन के जादू में डूबते-उतराते मेरे दोस्तो!
ठीक इसी पल
मेरी आँख से निकला आँसू
मेरे चेहरे के पसीने में घुलकर
विसर्जित कर रहा है अपना नमक।

पाँच पंक्तियों की चिट्ठी

यह एक धूल भरी दोपहर है जून की
एक काग़ज़ फड़फड़ा रहा है
पृथ्वी और आकाश के बीच

न जाने
इस काग़ज़ पर क्या लिखा होगा!
कोई हिसाब
कोई कविता
या कोई चिट्ठी
किसी आत्मीय के नाम

कोई नहीं कह सकता
कि यह काग़ज़ पृथ्वी पर
ठीक उसी दशा में लौटेगा
जिस दशा में उड़ा था
किसी मेज़ से

यह कहना भी मुश्किल है
कि इस काग़ज़ की कोई अहमियत
अब भी बची होगी
किसी के जीवन में

यही नहीं
यह कहना भी मुश्किल है

कि काग़ज़ों की कितनी अहमियत बची है
कितने लोगों के जीवन में
वैसे छोड़िये इन बातों को
देखिये उड़ते हुए काग़ज़ को
और हो सके तो बताइये
कितने बरस पुराना होगा वह
कितनी अनलिखी स्मृतियाँ दर्ज़ होंगी उस पर

देखिये हवा का दबाव कम हो रहा है
उस काग़ज़ को
धरती खींच रही है अपनी ओर

अभी कुछ पलों में
वह हमारे पास होगा
बिलकुल दाहिने
आप चाहें तो बाँच सकेंगे उसे
बिना किसी अवरोध के
और शायद बता सकेंगे अपने अनुभव से
लिखने वाले की मन:स्थिति

वैसे रुकिये!
मैं देखता हूँ पहले
कुछ पहचाना-सा लगता है यह

इसे देखकर
एक हूक-सी उठी है अभी कलेजे में
और अब मैं कह सकता हूँ अपने अनुभव से
कि आप चाहे जितने बड़े विशेषज्ञ हों लिखावट के
पाँच पंक्तियों की इस चिट्ठी को देखकर
नहीं बता सकते तीव्रता मेरे धड़कनों की
नहीं बता सकते

कि उन्नीस सौ चौरानवे में
इस एक चिट्ठी ने
बदल दिया था मेरा जीवन
बचा लिया था मेरी आत्मा को।

लालसाओं की पालकी

वह चमक किसी अघाये हुए आदमी की नहीं
एक बेरोज़गार युवक की आँखों में थी

वह टैक्सी में सवार अपने घर वाली गली में था
उसके पैर एक दूसरे पर चढ़े थे
वह मुस्करा रहा था
पर उसके होठों की मुस्कान उतनी उभरी न थी
जितनी उभरी होती है आकंठ अघाये लोगों की

बार-बार उसकी आँखें झाँक ले रही थीं गली के दोनों ओर
आ-जा रहे लोगों की ओर
कुछ लोगों ने अचरज से देखा उसे
आपस में फुसफुसाये भी

फिर अगली शाम वह आया उसी आव-भाव के संग
फिर उसकी अगली शाम
फिर उसकी अगली शाम
और रोज़-रोज़ आने-जाने लगा उसी आव-भाव के संग
मुहल्ले में फुसफुसाहट बढ़ने लगी
और उसकी व्यस्तता

एक दिन अख़बारों में छपी उसकी तस्वीर
टेलीविज़न पर दिखाई गयीं उसकी कई तस्वीरें
उस पर ईनाम था और वह फ़रार था

मुहल्ले में लोग बता रहे थे
एक-दूसरे को अपनी-अपनी भविष्यवाणियाँ
टेलीविज़न चैनलों पर विशेष बातचीत में
कहा कुछ समाजशास्त्रियों ने
यह विभ्रम का समय है
पूरी पीढ़ी शिकार है विभ्रम की

मनोवैज्ञानिकों ने कहा यह विस्फोट है
अतृप्त आकांक्षाओं का
दिलचस्प यह भी
कि इन कार्यक्रमों के प्रायोजक
लगातार संलग्न थे
लोगों की अतृप्त आकांक्षाओं को जगाने में

जो लोग बताना चाहते थे उस जैसे युवकों के संघर्ष
उनकी हार-अपमान और पीड़ा के विषय में
उन्हें कोई सुनने वाला नहीं था

मीडिया और सत्ताएँ मगन थीं
अपना-अपना राग अलापते हुए
और इनमें से कोई तैयार नहीं था
उस ओर देखने के लिए भी
जिधर से आ रही थी पालकी लालसाओं की।

ज़िन्दा रहने के हिसाब-किताब में

आज फिर भर गया है उसका आँगन सूखे पत्तों से
वह रोज़ सुबह बुहारता है घर-आँगन
रोज़ सुबह भर जाते हैं पत्ते

वह बत्तीस वर्ष का
एक खोया-खोया-सा युवक है
जिसने किशोरवय में देखी थी फ़िल्म 'शोले'

यह उस फ़िल्म का असर हो
चाहे जीवन के प्रति रूमानी नज़रिया
उसे मालगाड़ी के गार्ड का डिब्बा
और उसके आगे की खुली जगह
परीलोक की तरह लगते थे

वह सोचता था उस आनन्द के विषय में
जो मिलता होगा भागती हुई ट्रेन के पीछे खुले में खड़े होकर

वह कल्पना करता था
भागती हुई ट्रेन और अपनी उड़ती हुई ज़ुल्फ़ों की

सपनों में झमाझम बारिश में भींगता हुआ
वह अक्सर खड़ा रहता था
उस खुली जगह में रेलिंग पकड़कर

कभी-कभी उसे विचार आता था
जैसे वह प्रिया की बाँहों में बाँहें डाले
पलकें बन्द किये समय से हाथ मिलाते हुए
खड़ा है भागती हुई ट्रेन के उस खुले हिस्से में

लेकिन यह सब पुरानी बातें हैं
पाँच साल पुरानी

पाँच साल पहले किसी तरह जर-जुगाड़ से
वह भर्ती हुआ था रेलवे में
फिर करते हुए नौकरी
उसने कीं लम्बी-लम्बी यात्राएँ

पहली बार यात्रा में
ठिकाना नहीं था उसकी ख़ुशी का
पर धीरे-धीरे उसकी ख़ुशी विलीन हो गयी नौकरी में
अब उसकी ख़ुशी ही नौकरी है
उसकी नौकरी ही उसकी ख़ुशी है
और इस प्रकार जीवन जीते हुए
वह अकेला नहीं है हममें

आज की दुनिया में
यह एक काव्यात्मक लेकिन सही बात है
कि करोड़ों-करोड़ लोगों के सपने
एक दिन आँखों से उतर कर
बिला जाते हैं ज़िन्दा रहने के हिसाब-किताब में!

किन-किन रास्तों पर

कितना अजब होता है जीवन भी
जाने किन-किन कोनों से झाँकता है

अनुमान भी कठिन
कि ठीक आने वाला पल
कितने वर्ष पुराने किसी पल में
पहुँचा देगा अचानक

जैसे किसी दिन उठा लें आप अपनी पुरानी डायरी
और यूँ ही खोल दें कोई पन्ना
जिसमें बिखरी हो पत्नी की हँसी
बच्चों की शरारतें
और नोट हो मीर का कोई शेर

जैसे अचानक आपको मिल जाए दशकों बाद
अपने कॉलेज-दिनों का परिचय-पत्र
जिसमें चिपकी तस्वीर की आँखें भरी हों सपनों से
और आपको याद आएँ वे पगडंडियाँ
जिन पर आपने घंटों इन्तज़ार किया उस लड़की का
जिसके आगे आप धूल चटा सकते थे
किसी विश्व सुन्दरी को

जैसे अचानक मिल जाए वह प्रश्न-पत्र
जिसको देने के बाद आप बिछड़े थे उन मित्रों से
जिनके बिना रसहीन हो जाती थीं शामें
बेमतलब लगने लगता था सब कुछ

होने को कुछ भी हो सकता है
जैसे अचानक ऐसा कुछ
जैसा आपने सोचा भी न हो

जैसे आप चुपचाप बैठे हों कहीं दूब पर
फरवरी की धूप सेंकते हुए
और अचानक कहीं दूर उड़ता एक पतंग
आवाज़ दे आपको बाँहें फैलाये
और आपकी आँखों में उतरने लगे उसका रंग
ठीक उन्हीं पलों में
जब सर्द हवा गुदगुदा रही हो आपको
और आँखों में उतर रहा हो कोई और भी दृश्य धीरे-धीरे
तो सोचिए क्या-क्या याद आएगा
जीवन किन-किन रास्तों पर हो आएगा!

सूर्य की घड़ी का हिसाब

इस समय कितने बजे होंगे
सूर्य की घड़ी में
उन्हें नहीं पता
जो देर रात लौटे
कोई बड़ी डील करके

मैं दावा तो नहीं करता
पर उन्हें भी नहीं पता शायद
जो किसी घाट पर बैठे
तलुवों से महसूस रहे हैं
पानी की धड़कन

उन्हें भी नहीं पता
जो ज़िम्मेदारियों को माया कह
अपने ही अँधेरे में लोप कर रहे हैं
अपनी आत्मा का

उन्हें भी नहीं पता
जिनकी इच्छाएँ शहनाई बजा रही हैं
दरबारों में
लेकिन मैं पूरे विश्वास से कह सकता हूँ
सूर्य की घड़ी का ठीक-ठीक हिसाब
उस स्त्री को पता है

जो कलेवा लेकर जा रही है
पत्थर तोड़ रहे पति को देने छाँव

आख़िर सूर्य की घड़ी का ठीक-ठीक हिसाब
वही तो बताएँगे
जो उसकी आँखों में आँखें डाल
उससे हाथ मिलाएँगे!

घर की उदासी

आज शाम
घर बहुत उदास है

बेटियाँ चुप-चुप
पत्नी बीमार

हँसी किसी
 अदृश्य ताख पर
 बैठ गयी है जैसे।

वह जो चाहता था

कल हत्या हुई जिसकी बीचो-बीच शहर में
वह इस व्यवस्था की भाषा में
एक मामूली-सा आदमी
अपनी देह की सारी ऊर्जा
दिल-दिमाग़ और आँखों में केन्द्रित कर
पढ़ता था आज़ाद परिन्दों के बारे में
अपनी मनपसन्द इबारत

जैसे घूमते हैं लोग मनपसन्द जगहों में
जैसे प्रेम करते हैं मनपसन्द लड़की से
वैसे ही उसे प्रेम था बेहतर सपनों से

मनुष्य जीवन की अशेष आशाओं की थाती लिये
वह चाहता था अपने और अपने जैसे लोगों के लिए
अँजुरी भर उजास
चेहरा भर लालिमा
आँख भर चमक
और होठ भर मुस्कान

यह जानते हुए कि यह सब चाहना
अपराध है व्यवस्था की नज़र में
वह चाहता था।

जितनी हँसी तुम्हारे होठों पर

ये दिन बीत जाएँगे
धीरज धरो!
कुछ भी ठहरा नहीं रहता
न समय
न सुख
दुःख भी नहीं

फिर कैसी निराशा?

देखो, तुम्हारे पति के पास
एक किसान की विरासत है
उसने अपने पिता की आँखों में
कभी साँझ नहीं देखी
अपनी माँ को कभी हारते नहीं देखा
उन दुर्दिनों में भी नहीं
जब कैंसरग्रस्त पिता मृत्यु से जूझ रहे थे

तुम ग़ौर से देखो अपनी बेटियों को!
इतने सुन्दर   इतने मोहक
नहीं सृष्टि में दूसरे फूल

सोचो तो ज़रा
ये महज़ बेटियाँ नहीं
प्राणशक्तियाँ हैं हमारी

मैंने महसूस किया है
इनकी हँसी को
जो असरदार बना देती है दवाओं को भी

सुनो, निराश मत हो
हौसला रखो
मैं जीत जाऊँगा हर रोग-शोक से
बस हाथ पकड़े रहो
मुस्कराती रहो
एक दिन पलकों पर सहेज कर लाऊँगा बहारों को
तुम धीरे से उतार लेना उन्हें जीवन में

देखो, थका नहीं हूँ मैं
अभी उम्र भी नहीं थकने की मेरी
तुम पगली
जाने क्यों घबराती हो
चलो अच्छा है
इसी बहाने आस-पास मँडराती हो
लेकिन छोड़ो यह सब
हँसो ज़रा ज़ोर से
तुमको मालूम नहीं
सचमुच
तुम कितनी अच्छी लगती हो
जब दिल से हँसती हो

सच मानो
जितनी हँसी तुम्हारे होठों पर
उतनी ख़ुशी हमारे जीवन में!

लोक का चेहरा

अपने बचपन में मैं अक्सर सुनता था एक लोकगीत
जिसमें सन्देश भेजती है एक स्त्री
अपने 'बिदेस' गये पति को

बाद में मैंने जाना
कलकत्ता विकट बिदेस है
हमारे लोकगीतों में

इन लोकगीतों के रचे जाने के सदियों बाद
अब भी कुछ लोग उतरते हैं
मुम्बई, पंजाब और आसाम की ओर से
आने वाली गाड़ियों से
और लेते हुए विदा कहते हैं सहयात्रियों से
लो भाइयो हम भी पहुँच गये
अपने मुलुक की मिट्‌टी-पानी में
अपनी बोली-बानी में

ये मज़दूर हैं
जो रोज़ी-रोटी की खोज में
निकल जाते हैं सुदूर प्रान्तों में

उन जगहों पर करते हुए काम
ये सोचते हैं अपने 'देस' के बारे में

जहाँ इनकी स्त्रियाँ घरों में जूझती हुई ज़िन्दगी से
राह अगोरती हैं इनकी

वे जाँतों में पीसती हुई गेहूँ
गाती हैं इनके 'बिदेसवा' से लौटने का गीत
और बार-बार स्वयं लौटती हैं
स्मृतियों से जीवन के दालान में

यदि कोई देखना चाहे
हमारे लोक का चेहरा
वह देख सकता है
श्रम की आँच में तपे इनके चेहरे

इनके चेहरों पर
अपनी साँवली आभा के साथ
दिपदिपाता है हमारा लोक

हमारे लोक की अनगिन देह हैं ये लोग
इन्होंने पुतलियों की तरह बचाया है अपनी आत्मा को
ये पहरुवे हैं विश्वास के
ये पहचान हैं अपनी मिट्‌टी की।

वर्ण

एक शब्द है 'वर्ण'

बच्चे दुहराते हैं
वर्ण मायने अक्षर
वर्ण मायने रंग-रूप
वर्ण मायने जाति

बच्चे फिर दुहराते हैं
वर्ण से वर्णमाला
वर्ण से वर्णाश्रम
वर्ण से वर्णसंकर

देखिये तो एक ही शब्द
पर सोचिए तो कितना अच्छा कितना बुरा
कभी लगे फूल की तरह
कभी लगे शूल की तरह।

पूस

पड़ रही है कड़ाके की ठंड
काँप रहा है हाड़-हाड़
अपने ही मलमूत्र के बीच
काँप रहे हैं गोरू

जिधर देखिये गठरी बने लोग
ताप रहे हैं कौड़ा

अबकी खिचड़ी का स्वाद ले गयी शीतलहर
गाँठ के पैसे गये दवा-दारू में
और भी जाने हुआ क्या-क्या!

दो
दाँत किटकिटाते कहता है लोकई
बाँधो गाँती
बाँधो मफलर
घुसी हवा जो कान से
निकल जाओगे जहान से।

पिता

अबकी ख़ूब गड़े हैं मचान!
मकई के खेतों में
आयी है बहार
कई बरस बीत गये
भुट्टा खाये
भूजा चबाये

अक्सर बताते हैं पिता
खेतों से लौटकर

बतियाते-बतियाते
कहीं खो जाते हैं
निहारने लगते हैं शून्य में
और हो जाते हैं
कभी ख़ुश
कभी उदास
यूँ ही

होते हैं जब शान्त पिता
समझाते हैं दुनियादारी की बातें
समय कैसे बदलता है
बताते हैं
पहले पड़ता था जब अकाल
लोग गुज़ारा करते थे

खाकर
मकई और केराव

नाराज हो जाते हैं पिता
बीच में टोकने पर
खो देते हैं आपा
कहते हैं
सत्तर साल हवा में नहीं काटे हैं!

फिर शान्त हो जाते हैं
धीरे-धीरे
याद करने लगते हैं कुछ
ग़ौर से देखते हैं हमारे चेहरों को
फिर हँसते हैं धीमी हँसी
शायद याद आ जाती है
कोई पुरानी बात

वैसे भूल चुके हैं पिता
उन ढेर सारे शब्दों के अर्थ
जिनको समझाया करते थे कभी
जवार के लोगों को

अब एकान्त में ढूँढ़ते हैं पिता
अपनी आँखों में कहीं
खो गये सपनों को
और थककर गुनगुनाने लगते हैं
'काहे रे नलिनी तू कुम्हलानी!'

महसूस होता है
भीतर-ही-भीतर
पक रही है मक्के की फसल।

ज़रा पलटकर देखिए

रोज़ी की भागमभाग से
थोड़ा समय निकालकर
ललकता हुआ आया हूँ अपने शहर
जहाँ घरों के चेहरे कुछ-कुछ बदल गये हैं

नयी-नयी चीज़ें
चमक रही हैं बिजली की तरह
बाज़ार में अब
भटकती हैं दो आँखें
जैसे भटक जाए चाँदनी में कोई शिशु

मैं दो वर्ष बाद आया हूँ
यहाँ
हवा कुछ बदली-बदली है

लोग भौंचक्क ताक रहे हैं
चेहरे
एक-दूसरे के
समा रहे हैं तीसरे में

अब यहाँ भी दिख रहा है परायापन
अब यहाँ भी
बात और है भाव और

ज़रा तमाशा तो देखिए काले जादू का
कि अपने ही शहर में
मैं ढूँढ़ रहा हूँ अपने शहर की पहचान

मेरे लिए यह विषाद की घड़ी है
इस समय ठकुआ गया हूँ मैं
वैसे कहाँ हैं आप!
ज़रा पलटकर देखिए
कहीं बिला तो नहीं रहा
आपका भी शहर!

बथुआ

अजब कहानी है बथुआ की भी
बिना बोये ही उग आता है
खेतों में
फसलों की सोर से सोर मिलाते हुए

खेतों की सोहनी में
किसान
सोह देते हैं बथुआ
कहते हैं
बहुत हो गया है खेतों में
अरकस–बथुआ
हालाँकि वे जानते हैं उसकी सीरत

वे जानते हैं
फसल बचाने के लिए निकाल दिया जाता है
जो बथुआ
मोल लिया जाता है
वही
जीवन बचाने के लिए।

तुम्हारी चुप्पी में

चुप रहो
बस चुप रहो
यह रात की धुन है
इसे यूँ ही बजने दो

आहिस्ता चलो
इस बेला में
समय को मौन का उपहार दो

रात के इस राग में
झींगुर विसर्जित कर रहा है
अपना राग

यह विलाप नहीं
फिर भी
कुएँ की उदासी
आँकी जा सकती है इस आवाज़ में

यह रात की धुन है
इसे यूँ ही बजने दो
और तक सको जितनी दूर
ताको चाँदनी में

छू सको तो छुओ उसे
त्वचा की तरह
पर चुप रहो

तुम्हारी इस चुप्पी में
दूसरे के अस्तित्व का सम्मान है।

कई दिनों के बाद

(बाबा नागार्जुन की स्मृति में)

यह भी बीता ख़ूब दिसम्बर!

कई दिनों बाद
आज दिखा है सूरज
कई दिनों बाद
आज टहका है रगों में ख़ून

कई दिनों बाद
आज दिहाड़ी मज़दूरों का
सूख रहा है गमछा
कई दिनों बाद
रिक्शों में दीख रही है रफ़्तार
कई दिनों बाद गौरैया फुदक रही है ख़ूब
कई दिनों बाद
बिके हैं फूल मन्दिर के अगवाड़े ख़ूब

कई दिनों बाद
आज हँसकर कहा प्रिया ने
चलो चलते हैं बाज़ार!

जो जानते हैं कछार को

'तेरह कार्तिक तीन आषाढ़' को
मन्त्र की तरह बुदबुदाते हुए
जुटे हैं किसान अपने-अपने खेतों में

धरती के इन टुकड़ों में
जान रहती है इनकी
जैसे तोते में रहती थी रानी की

ये वही किसान हैं कछार के
जो कभी-कभी ही काट पाते हैं
आषाढ़ में बोई फसल
इनकी खरीफ की फसल
समा जाती है नदी के पेट में
फिर भी ये नहीं हारते मन

तन-मन-धन से
धरती की कोख भरने में जुटे
ये किसान
हर बार बीज के साथ बोते हैं उम्मीद भी।

दो

इस वर्ष भी कटी पर्ची
मिल पर गिरा गन्ना

पर मालूम नहीं कब मिलेगा दाम
दाम मिलेगा कि गोलियाँ मिलेंगी
रामकोला, पडरौना ओर मुंडेरवा की तरह

जो जानते हैं कछार को
वे जानते हैं कछार में
गन्ने और बची दलहन पर
टिकी होती हैं योजनाएँ किसानों की

जो दगा दे दें फसलें
दगा दे दे मिल
तो किसी जर्जर पुल की तरह
भारी हो जाता है किसान का जीवन।

जीवन के वसन्त की धूप

आ गले लगो
मेरी नन्ही-नन्ही बेटियो!

आओ कि तुम लोगों को बिठा लूँ
अपने कन्धों पर   अपने सिर पर

आओ कि तुम लोगों को उछालूँ हवा में
आओ कि स्वप्न हो तुम दोनों
सच में बदली हुई तक़दीर मेरी

आओ कि ठहर जाओ
मेरी पलकों पर धूप की तरह
आओ कि डूब जाऊँ मैं जीवन के संगीत में

आओ मेरी बेटियो आओ!
कि धूप हो तुम लोग
हम दोनों के जीवन के वसन्त की।

बदल रहे हैं अर्थ

बहुत तेज़ी से बदल रहे हैं कस्बे
बदल रहा है उनका हाव-भाव

कस्बों की संस्कृति में
शामिल हो रहा है अपरिचय
हालाँकि वहाँ अब भी लोग पहचानते हैं चेहरे
पर उसके पहले आँकने लगे हैं थैली

जो थैली न हो गरम
तो उतर जाएगा भरम
थैली ही है लाज-शरम

अब कस्बों में बहुत दिनों तक
चल नहीं पाता काम
विश्वास और भरोसे पर
अब वहाँ अपना अर्थ बदल रहे हैं मुहावरे
समा रहे हैं तेज़ी से बाज़ार के पेट में।

इन दिनों हालचाल

काँप रहा है दिन
और धूप भी पियराई है
न जाने
कौन ऋतु आयी है!

ओ मेरी बेटियो याद रखना

आओ बैठो मेरी गोदी में
झूलो मेरी बाँहों में
ओ मेरी बेटियो!
तुम लोगों के आने के बाद
शायद मनुष्य होने लगा हूँ
तुम लोगों की हँसी में हँसने लगा हूँ

तुम लोग नहीं जानतीं
तुम लोगों की जिह्वा पर विराजती पवित्रता और होठों की हँसी
हमारे समय में जीवन की आशा है

उम्र की तिजहरी में
यदि घेरने लगे उदासी चारों ओर से
तब भी कोशिश करना हँसते रहने की
तुम लोगों के खिलखिलाने में बचा रहेगा जीवन
बचा रहेगा मेरा विश्वास

ओ मेरी बेटियो!
जब जाना यह घर छोड़कर
मेरी आँखों के आँसू मत पोछना
डरना भी मत!
इन्हीं आँसुओं में झलकेंगी
मेरी छोटी-छोटी बेटियाँ

मेरी मुझसे बड़ी बेटियाँ
मेरी छाती पर खेलतीं मेरी बेटियाँ
मेरा पल-पल सहेजतीं मेरी बेटियाँ

ओ मेरी बेटियो याद रखना
यदि जीवन में दुःख का आलाप दीर्घ होने लगे
तब भी परछाइयों के पीछे-पीछे मत भागना
डरना नहीं किसी आईने से!

ओ मेरी बेटियो!
मेरी आँख की पुतलियो!
न डरना न हारना
लड़ना समय से।

कहीं पर्दा तो नहीं

यह ठहराव है
या बहाव से अलग कोई बहाव
बहुत कुछ नहीं मालूम किसी को
या कहते नहीं लोग

यह सर्द मौसम कैसे आया होगा
रिश्तों के बीच
जानते हैं पर कहते नहीं सब लोग
या भय है कोई न कहने के पीछे

आजकल कार्यालयों में कर्मचारियों के बीच बहस है
कि साथ रोटी खाना और बात है
और अपनी जाति से बाहर का नेता चुनना और बात है

इन दिनों चयन प्रक्रियाओं में
घोषणा है पारदर्शिता की
और सचमुच पारदर्शी है चयनकर्ताओं की नज़र
वे देख लेते हैं हैसियत के आर-पार

इस समय योग्यता जन्नत की
वह हक़ीक़त है
जिसे कहा था ग़ालिब ने
'दिल को ख़ुश रखने का ख़याल'

मैं चाहता हूँ कोई समझाये मुझे
इस रहस्य के बारे में
कि ऐसा कैसे हो रहा है
कि जब टूट रहे हैं मनुष्य खिलौनों की तरह
तब कुछ लोग बातें कर रहे हैं विकास की

मेरी बुद्धि नहीं कर रही है काम
ज़रा सहयोग कीजिये मेरा
और बताइये कहीं यह एक शब्द 'विकास'
पर्दा तो नहीं विनाश पर?

किरायेदार की तरह

सवेरे-सवेरे मुँह पर देकर छींटा
वे सवार होती हैं लोकल ट्रेन में
गाते हुए 'ज़िन्दगी इक किराये का घर है
एक दिन इसको बदलना पड़ेगा'

जब वे गा रही होती हैं बेसुर-बेताल
उनके मुँह से पान की पीक बह जाती है होठों के नीचे
उनकी पीठ पर बँधा बच्चा टुकुर-टुकुर ताकता है
कीचड़ सनी आँखों से
उनके कन्धे पर ठुड्डी टिकाकर

कभी-कभी वह भी मलकाता है आँखें
ढोलक की थाप सुनकर

ट्रेन में टी.टी.ई. उनसे नहीं माँगते टिकट
रोज़ चलने वाले उन्हें नहीं देते पैसा
बस अपनी आँखें टाँक देते हैं उनकी देह में
और अक्सर करते हैं उनसे चुभते मज़ाक़
हद तो यह भी
कि कभी माँ से   कभी बेटी से

मज़ाक़ करने वालों को कोई फ़र्क़ नहीं पड़ता
लेकिन वे भीतर ही भीतर तिलमिलाती हैं

पर ग़ायब नहीं होने देतीं होठों की हँसी
उन्हें हँसाता रहता है पेट का डर

पान के रंग में
जीवन का रंग पाने की लगातार कोशिशों के बीच
कभी अपनी किसी ग़लती पर वे बच्चों की कसम नहीं खातीं
सुहाग की कसम नहीं खातीं
वे रोज़ी की कसम खाती हैं
और ठठाकर हँसते हैं लोग उनकी बातों पर

वे पाँच-सात वर्ष की उम्र से
दूसरों को सुनाती हुई गीत
जाने किस और डर में रहती हैं
जो अकेले में बैठकर नहीं सोचतीं
अपने जीवन के बारे में
अपने काम के बारे में
वरना चार दिन के इस जीवन को
इस डिब्बे उस डिब्बे नहीं काटतीं
किरायेदार की तरह।

मेरी प्रतीक्षा से लम्बी एक प्रतीक्षा

तेईस दिनों का अकथ दुःख लाँघकर
मैं लौट रहा हूँ घर
मेरी साँसों में किसी अज्ञात फल की गन्ध
कानों में उत्साह भरती किलकारियाँ
और आँखों में चेहरे हैं बेटियों के

मेरे क़दम भागते हैं हर साँस के साथ
मैं पहुँचता हूँ घर जहाँ
मेरी प्रतीक्षा से लम्बी एक प्रतीक्षा
राह अगोरती मिलती है मुझसे।

धूप-तन्त्र

त्राहि-त्राहि शीतलहर
शीतलहर त्राहि-त्राहि

दूर तक फैला समुद्र शीत का
कुछ न दिखे   कुछ न सूझे
धूप का पता नहीं
जाने कहाँ किस रजाई में
मुँह तोप कर सो गया है सूरज।

दो

कब दिखा था फिर अब दिखा है
शीत के घूँघट से मुँह निकाले
सूरज दिखा है

धूप की कई लकीरें
छू रही हैं होठ खिड़कियों के
पर कोई लकीर कमरे में नहीं आती

उधर बच्चों की उँगलियाँ थामे
कुछ बड़े निकल आये हैं पार्क में
बच्चे कूदेंगे   बड़े टहलेंगे
रक्त जमा धीरे-धीरे टहकेगा

फिर सब लौटेंगे
थोड़ी-थोड़ी धूप लिये धूप-तन्त्र से

अच्छा है
आज रविवार है
छुट्टी है
वरना इस मौसम में धूप से
कुट्टी ही कुट्टी है।

लुंगी

घूमना हो तो लपेट लीजिये
और दोपहरी में नींद आ जाए
किसी तरु तले तो तान लीजिये देह पर

लुंगी बसन भी है
ओढ़ना भी

आप जैसे चाहिए
काम आ जाती है लुंगी
उसे कोई शिक़ायत नहीं होती अपने इस्तेमाल पर
लेकिन वह टूटने लगती है तब
जब उसे जोड़ा जाता है
पिछड़ेपन और धार्मिक पहनावे से

उसके आँसू किसानों के पसीने के साथ
सींचने लगते हैं खेत

जाने कब से किसानों मजूरों का
कभी भगई   कभी तहमद
कभी लुंगी के नाम से लाज रखाती वह
किसी धर्म   किसी राष्ट्र की कैद में नहीं
किसानों–मजूरों के जीवन में ही
सुख का झंडा बनकर लहराना चाहती है।

किनारे

मध्य जनवरी की धूप में
लड़कियाँ चूम रही हैं अपने-अपने प्रेमी का चेहरा
एक क़िले के खँडहर के अलग-अलग कोनों में विहँसती

ठंड पिघल रही है मोम की तरह
चेहरे उजास से भरे हैं
देह की नदी में बह रही है मन की नाव
कोई सुधि नहीं है किनारे की
उन्हें डर है
किनारे रोक देते हैं बहाव को।

जो इनके घर भी

वे जितना उठा पाते हैं
अपनी पीठ पर बोझ
उसी अनुपात में भरता है
घर के लोगों का पेट

लोग कैलास–मानसरोवर की यात्राओं में
कमाते हैं पुण्य
सोचते हैं मोक्ष के बारे में
और उनका माल–असबाब ढोते हुए लोग
सोचते हैं मिलने वाले रुपयों के बारे में
हिसाब लगाते हैं घर की ज़रूरतों का

वे महीनों बाद लौटते हैं
अपने घरों को
पेट–पीठ एक किये हुए

उनका इन्तज़ार करते हुए भी
महज़ आस में बैठी नहीं रहतीं उनकी स्त्रियाँ
जब पति लाँघ रहे होते हैं पहाड़
पत्नियाँ लाँघ रही होती हैं दुःख

ये पत्नियाँ बाँध लेना चाहती हैं
अपने आँचल की कोर में खनखनाती हँसी

और चाहती हैं इसे खोलना पति की अगवानी में
पर चाहतों का क्या
जाने कब उठें कब तिरोहित हो जाएँ

अपने घरवालों की अनुपस्थिति में
अक्सर सोचती हैं ये घरवालियाँ
जो इनके घर भी होते भरे-पुरे
तो कौन उठाता बोझ
तो कैसे पाते ये पुण्य कमाने वाले मोक्ष!

छुई-मुई नहीं लाजवन्ती

एक छोटी-सी बच्ची ने
मुझे बोलते हुए बीच में टोका
'अंकल इस फूल को छुई-मुई न कहें
यह लाजवन्ती है
देखिये छूते ही लजा जाती है
जैसे छिप रही हो अपने ही भीतर'

लड़की की आँखों में चमक थी और चेहरे पर आभा
मैंने आश्चर्य से देखा उसे
सम्मोहन में सिर हिलाया
और वह मुस्कराते हुए चली गयी अपनी राह

अपनी बड़ी बेटी जितनी छोटी
उस बच्ची को रोकना चाहा मैंने
जानना चाहा उसकी बातों का स्रोत
सुनना चाहा कोई और आवाज़
पर कुछ न कर सका
काठ मार गया मुझे।

लोग न हों तो

खाली घर और खाली स्टेशन उम्मीद में रहते हैं

लोग आते हैं
खिलखिला उठता है घर
लोग जाते हैं
और प्रेमी की आँख-सा
उदास हो जाता है स्टेशन

लोग न हों तो
बेमानी हो जाते हैं
घर और स्टेशन।

उम्मीद भर

मैं ख़ुश हूँ!
लान की दूबों पर
बरस गये बादल
मैं ख़ुश हूँ

मैं ख़ुश हूँ!
फूलों की जड़ों तक पहुँच गयी नमी
मैं ख़ुश हूँ

मैं ख़ुश हूँ!
किचेन गार्डेन में लगे सब्जियों के पौधे
अब हरियर हो जाएँगे
मैं ख़ुश हूँ

मैं ख़ुश हूँ!
मेरी छोटी-सी बेटी
अपनी नन्ही-सी अँजुरी में
भर रही है कुछ बूँदें
मिला रही है उसमें रंग
मैं ख़ुश हूँ

मैं ख़ुश हूँ!
कि इस बारिश से तनिक ख़ुश हुए होंगे

पसीने, क़र्ज़ और पस्ती में डूबे
मेरे देश के किसान

मैं ख़ुश हूँ!
बहुत-बहुत ख़ुश
ओ बादलो! थोड़ा झुको
मैं छूकर धन्यवाद कहना चाहता हूँ तुम्हें

देखो, उड़ना नहीं
उम्मीद भर बरसना
आख़िर यह जीवन का सवाल है!

सपने में एक दुनिया

वहाँ कोई संशय नहीं था
सपनों के घर थे
और घरों में लोग अपनी-अपनी तरह से कोशिशें कर रहे थे—
कि ज़िन्दगी को और बेहतर बनाया जा सके

वे लगातार सोच रहे थे
कि आदमी के रिश्तों को इतना पुख़्ता किया जाए
कि जो भी दिखे अपना-सा दिखे
कि आँखें जब लाल दिखें तो बस ग़ुस्से में
कि आँखें जब तरल दिखें तो बस प्यार में

वहाँ लोगों के चेहरे पर श्रम की थकान थी—
और यह सन्तोष कि चलो हमने किसी का हाथ तो बँटाया
कि चलो हमने लड़ाई को तनिक आगे तो बढ़ाया

वहाँ लोगों के चेहरे पर इस बात का इत्मीनान था
कि आने वाली पीढ़ियों से शर्मिन्दा नहीं होना होगा
कि दबे स्वर में यह कहना नहीं होगा
कि सपनों के घर तो तमाम थे
पर घरों में बिजुरी नहीं थी।

घर की चाय

कल शाम
पी न सका चाय अकेले
कल शाम
पत्नी नहीं थी घर में

पत्नी के बिना
घर की चाय
लगा जैसे
गरम पानी उतारना हो हलक़ में।

खुली हवा में दुःख

यह आश्चर्यजनक लग सकता है
पर सबसे बड़ा सच है इस कस्बे का
कि यहाँ सबसे साफ़-सुथरी जगह रेलवे स्टेशन है
चाहे सुबह हो
चाहे साँझ
खुली हवा यहीं मिलती है

इस कस्बे में जिसको भी लत है टहलने की
उसके लिए यह प्लेटफार्म ही पार्क है
यही रानीखेत है

मन बदलने के लिए
युवाओं की भीड़ भी यहीं जुटती है
वे प्रतीक्षा करते हैं आने वाली गाड़ियों का
और जब छूटने लगती है ट्रेन
वे हवा में हिलाते हैं हाथ
किसी सुन्दर चेहरे को देखते हुए

वे अपनी चिन्ताओं को रोज़ फेंकते हैं
चलती हुई ट्रेन के नीचे
पर चिन्ताएँ रक्तबीज की तरह
फिर पैदा हो जाती हैं अपने ही रक्त से

एक चिन्ता मरती है
और हज़ार चिन्ताएँ चढ़ आती हैं मुँडेर पर

रेलवे स्टेशन की खुली हवा में
अक्सर साँस लेता है
इस कस्बे के लोगों का दुःख

मैंने यहाँ दुःख को
अमलतास के रंग में भी देखा है

शुरू-शुरू में जब आता था रेलवे स्टेशन
मुझे लगता था लोग आते हैं तफ़रीह के लिए
लेकिन पिछले चार वर्षों में मैंने जाना है
लोग यहाँ छोड़ने आते हैं अपना दुःख।

मेरा मन

यह सितम्बर की दसवीं तारीख़ की चढ़ती दोपहर है
जब धूप चमक रही है
किसी मछली की आँख की तरह
और वसन उतारे मैं सुस्ता रहा हूँ पीपल की छाँव में

इस समय पत्तियों से
झर रही हैं स्मृतियाँ

वर्षों बीत गये
सुविधाओं में सुख तलाशते आपा-धापी में
वर्षों बीत गये
छूकर नहीं गयी हवा रोम-रोम को
वर्षों बीत गये
न मन सिहरा   न तन सिहरा
न खिलीं बाछें तरावट पाकर

वर्षों बीत गये
जाने कहाँ गुम हो गया
मेरा मन मेरे ही तन में!

सूखा

आज महीनों बाद
खूँटी से उतारा है छाता
उस पर जमी है
धूल की एक मोटी परत

अबकी बरसात के मौसम में
एक बूँद भी न पड़ी उसकी काया पर
उसका मन रह गया भारी-भारी

मई के अन्तिम दिनों में
निकालकर दीवान से टाँगा था उसे खूँटी पर
लेकिन ऐसी बारिश ही न हुई अबकी
जो उतारता उसे

मेरे होश में आने के बाद
ऐसा पहली बार हुआ है
कि बाढ़ की आशंका से दुबले हुए
कछारों के किसान भी
प्रार्थना करते रहे हैं बारिश की

मेरे होश में यह भी पहली बार हुआ है
कि मेरा छाता रोता रहा है पूरे मौसम
दीवार के कन्धे पर सिर टिकाए

मैंने आज उसे खूँटी से उतारकर देखा
तो लगा जैसे हैरत से पूछ रहा हो वह
कि आज आसमान से वर्षा चली है
या फिर खुला है दीवान!

जो विधाता स्त्री होता

वे मुँह अँधेरे निकलती हैं
घरों से कलेवा बाँधे
और लौटती हैं साँझ ढल जाने पर
राह टोहती हुई

घर लौटकर सजल आँखों से
वे निहारती हैं अपने बच्चों को
जो सो चुके होते हैं
बिना थपकी पाये लोरी सुने

वे अपने को सँभालती चुपचाप
घुसती हैं रसोई में
उनकी पूरी सावधानी के बाद भी
खड़खड़ा ही जाते हैं बर्तन
जाग ही जाते हैं भूखे बच्चे

माँ को देखकर बढ़ जाती है उनकी भूख
बरसाती नालों की तरह
वे पुचकारती है उन्हें खिलाते हुए साग-रोटी

उस समय सहज नहीं होता
उनके भीतर की हलचल को जानना

जब पति को खिलाती हुई रोटियाँ
वे खाती हैं गालियाँ

उनके सोते-सोते रात बीत जाती है दो घड़ी
वे औरतें कभी रोपती हैं धान
कभी काटती हैं गेहूँ
कभी करती हैं सोहनी
कभी उठाती हैं गारा-माटी
और कभी-कभी बिलखती हैं सखियों संग
अपने होने को लेकर

वे भाग्य की बात करती हुई
हँसती हैं विधाता पर
कभी कोसती हैं विधाता को
कहती हैं जो विधाता स्त्री होता
तो सोचो सखि, कैसा होता!

छवि वह पहली-पहली

इस साल यह मौसम की पहली बारिश है
उस साल वह मौसम की पहली बारिश थी
जब पानी की कुछ बूँदें
लट-ओरियान से बह आयी थीं गालों पर

पलकों पर ठहरी थीं दो बूँदें
अधरों पर चिलबिल हँसी
एक बूँद ठोढ़ी पर काँपती-सी
अब ढुलकी कि तब ढुलकी

तब से कितने मौसम बीत गये
कितनी बरखा हुई गयी
कितनी छवियाँ और बनीं
पर छवि वह पहली-पहली
लगता है जैसे अभी-अभी दिखी है।

अब नहीं आते वे

अब नहीं आते वे
उदास-उदास पर हँसते हुए

शायद चले गये हों कहीं और...
शायद शामिल हो गये हों किसी चाही-अनचाही जंग में

पहले मार्च चढ़ते ही वे उतरते थे पहाड़ों से
अपना बोरिया-बिस्तर सँभालते हुए
और आपस में बाँटकर इलाक़े
फैल जाते थे हमारे कछारों में

उनके पिटारों में बन्द होती थी वह हींग
जिसे बिना हील-हुज्जत के ख़रीद लेती थीं
हमारे घरों की स्त्रियाँ

वे बेचने वाले गारंटी होते थे
अपने माल की
उन्हें अपना सामान बेचने के लिए
नहीं करना था कोई विज्ञापन
उनकी कोई साँठ-गाँठ न थी
किसी देशी-विदेशी कम्पनी से

वे धूप में उतारते थे
अपनी देह से पैबन्द लगे कोट
और हेरते थे चिल्लर तन्मय होकर

उन क्षणों में उनके चेहरों पर दिखता था इत्मीनान
पर होता नहीं था कभी

वे अपने पीछे छोड़कर आये होते थे जिन्हें
उनकी आँखों की उदासी
घेरे रहती थी उन्हें

वे चाहते थे हींग की महक में
बिसर जाए बहुत कुछ
पर बिसरा नहीं पाते थे कुछ भी

कभी-कभी अपना सामान बेचते हुए बातों-बातों में
बहुत भोलेपन से कहते थे वे
कि उन्हें अच्छा नहीं लगता है दर-दर की ठोकरें खाना।

सबसे बड़ा दुःख

सूखे में सब गया
किसी घर में भूजी भाँग नहीं

जिसे देखिये चित्त उदास
चेहरे झुरा गये फसल की तरह

सब देख रहे हैं आकाश की ओर मुँह उठाये
शायद निकल आये कोई रास्ता

मित्रो, प्रगति के इस मुक़ाम पर
मनुष्य की यह दुर्गति दुःख देती है
शासन का भेद बताती है
पर सबसे बड़ा दुःख नहीं है यह

सबसे बड़ा दुःख है कि लोग जानते हैं
आदमी पीपल का पेड़ नहीं होता
और न ही दरिद्रता कोई सूखी पत्ती
फिर भी इतने भोले बने रहते हैं
कि सूप पीटकर भगाते हैं दलिद्दर
और दरिद्रता अट्टहास करती है अपनी जीत पर।

वे उड़ती हैं गौरैयों की तरह

सवेरे-सवेरे जुटा लेती हैं वे
गाय का गोबर
और मिल कर बना लेती हैं गोधन

वे गाती हैं गीत
अपने भाइयों के लिए
और प्रार्थना करती हैं उनके
लम्बे और सुखी जीवन की

वे निर्जला रहती हैं
तिजहर तक
सीझती हैं व्रत की आँच में।

दो

गोधन के गोबर से
पीड़िया लगाती हैं वे
और नाचती-गाती हैं सवा महीने

इन सवा महीनों में
हर रात
उड़ती हैं गौरैयों की तरह
उनके लिए
अमृत बरसता है रात भर

जो वर्ष भर होती पीड़िया
तो कितना चहकतीं लड़कियाँ!

पार करना एक रात को

सिर्फ़ एक रात है
सिर्फ़ एक रात
जिसे पार कर पहुँच सकता हूँ
तुम्हारी बाँहों में

रात
एक भारी रात
लम्बी नहीं।

बहुत दिन हुए

जीवन की दिशाओं में
घुमरी लगाते
धीरे-धीरे बिला जाते हैं
बहुत से ऐसे शब्द
जिनकी उँगली पकड़कर
हमने सीखी थी कभी भाषा
पहचानी थी कभी दुनिया

जाने कब कैसे
बदलता है
मन का रसायन
और कुछ शब्द
लगने लगते हैं गँवारू

जैसे बहुत दिन हुए
नहीं सुने मैंने
'विसुटइया' और 'भकजोन्हिया' जैसे शब्द

बहुत दिन हुए
किसी के मुँह से
नहीं सुना 'तरकारी'

बहुत दिन हुए
मुझे भी
'भात' को 'भात' कहे
बहुत दिन हुए
मुझे भी
अपने ही मन को हाथ दिये।

एक भाई का पत्र

प्रिय भाई,
सोचता हूँ यह पत्र
समय-कुसमय पहुँच ही जाएगा तुम तक

और न भी पहुँचा तो
क्या फ़र्क़ पड़ जाएगा

तुम्हारी इच्छाओं की सरकार बन जाएगी
या गिर जाएगी तुम्हारे ख़िलाफ़
रोज़ फ़ैसले करने वाली हुकूमत

धराशायी हो पाएँगे निजामों के मंसूबे?

उदास मत हो मेरे भाई
बेकार नहीं जाती मेहनत की कमाई

आह के आग बनने में
भले ही लग जाए एक उम्र पर बनेगी
और तुम्हें ख़ुश होना चाहिए भाई
कि तुम्हारे पास एक रेडियो एक साइकिल
एक मेज़ एक कुर्सी और ज़िन्दगी को
बेहतर बनाने वाली चन्द उम्दा किताबें तो हैं

उनकी सोचो
जिनका अपनी साँसों पर ही अधिकार नहीं

इस देश में
इस किनारे से उस किनारे तक ताकने पर
वह क्या है भाई
जो चैन से खाने-सोने नहीं देता
बहुत उदास कर देता है मन

जब भी देखता हूँ देश का नक़्शा
इस किनारे उस किनारे
यहाँ-वहाँ जहाँ-तहाँ
दिखता है बस अहमदाबाद अहमदाबाद

अहमदाबाद इस देश में अब
महज़ एक जगह का नाम नहीं है भाई

आज जिस घड़ी तुम्हें पत्र लिख रहा हूँ
बाहर मौसम बड़ा सुहाना है
बारिश के बाद धूप निकली है
बहुत नरम धूप
सर्द हवा का हल्का-हल्का झोंका
कमरे में आ रहा है
बाहर अभी दूब के आँचल में
कुछ बूँदें शेष हैं

कल तुम्हारी भाभी की चिट्ठी आयी
इस चुनाव में कोई महन्थ जीत गया है
साक्षी अब स्कूल जाती है
बड़ी गुस्सैल है

सब कुछ अपने माफ़िक ही चाहती है
अपने चाचा को बहुत याद करती है

तुम्हारे वहाँ मुन्ना ने
कलम पकड़ना सीख लिया होगा
सपनों की तरह उड़ाता होगा पतंग
पर उन सपनों से
क्या वास्ता सरकार का?

ख़ैर, छोड़ो
स्वस्थ-सानन्द होगे
लिखने को तो बहुत कुछ है
पर क्या-क्या लिखूँ!

बाबूजी जब चिट्ठियाँ लिखते थे
आख़िर में ज़रूर लिखते थे
'थोड़ा लिखना बहुत समझना'

अब मैं भी पत्र बन्द कर रहा हूँ
समय-कुसमय जो मिल ही जाए
तो लौटती डाक से भेजना हालचाल
लिखना तुम्हारे अहमदाबाद में
कौन-सी हवा उठी है?

सपनों में परी की तरह

वे तीन लड़कियाँ हैं
तीन अलग-अलग दिशाओं से आयी हुई

अलग-अलग हैं उनकी रुचियाँ
अलग-अलग संस्कार
अलग-अलग स्वभाव

वे रहती हैं साथ-साथ
एक ही घर में
जैसे तीन अलग-अलग फूल हों
किसी एक ही टहनी पर

वे दिखती हैं अपनी ही दुनिया में मस्त
पर होती नहीं हैं अक्सर

वे जब होती हैं फ़ुर्सत में
बुला लाती हैं
अड़ोस-पड़ोस की बच्चियों को
और दुलराती हैं मन भर

छुट्टियों में
जब नहीं रमता है उनका मन इस ठहरे हुए क़स्बे में
वे चली जाती हैं
ट्रेन पकड़कर गोरखपुर या लखनऊ

देख आती हैं कोई नयी फ़िल्म
ख़रीद लाती हैं बहुत सारा सामान

वे कभी-कभी अयोध्या भी जाती हैं
उन्हें बहुत अच्छा लगता है
सरयू में नहाना

वे किसी उजली रात में
देखना चाहती हैं
अपनी ही रौ में बहती नदी

वे जब लौट रही होती हैं
अपनी इन छोटी-छोटी यात्राओं से
उस समय उनकी आँखों की कोर से
बह जाती है बूँद भर उदासी

वे ख़ुश हो लेती हैं थोड़ा-सा
वे चिन्ता नहीं करतीं उन बातों की
जो लोग करते हैं उनके बारे में

इधर कुछ दिनों से
अपने मन मुताबिक रहते हुए
वे करने लगी हैं प्रेम
लगता है काले-कोस चली गयी है उनकी उदासी
उनकी आँखों के लाल डोरे
जब-तब उड़ते हैं तितलियों से

उनको इस बात की भनक भी नहीं
कि अपनी तर्ज़ पर जी रहीं वे सब
परियों की तरह आती हैं
इस क़स्बे की लड़कियों के सपने में!

दिल्ली में बेना

कल रात भर नहीं आयी बिजली
कल रात भर गले पर हाथ दिये बैठी रहीं पत्तियाँ
वृक्ष खड़े रहे अवसन्न

कल रात भर मेरी छोटी बेटी
न सोयी न जाग पायी
कुनमुनाती रही रात भर
पत्नी झलती रही बेना
मैं उठ-उठकर झाँकता रहा खिड़की से
न हवा न रोशनी
आशा डूब रही थी
अँधेरे के समुद्र में

मैं उन्नीस सौ सैंतालिस में नहीं
और न ही एक अनजान से क़स्बे बभनान में था
मैं सन् दो हज़ार चार में कल रात
अपने देश की राजधानी में था
लगभग निरुपाय-सा

पल-पल काटते किसी तरह बीती रात
और सुबह चाय पीते हुए कहा पत्नी ने
अच्छा ही किया जो और सामानों के साथ
ले आये बेना और लालटेन भी दिल्ली
वरना जितनी दे पाये उतनी भी तसल्ली
कहाँ से लाते बेटियों के लिए!

कटोरी

माँ कहती है कुछ चीज़ें
अनायास ही शामिल हो जाती हैं स्मृति में
जैसे मेरी स्मृति में शामिल हो गयी है वह कटोरी
जो न जाने कहाँ गुम हो गयी
बार-बार ठिकाना बदलने में

वह कटोरी जिसे ख़रीदा था मैंने
धारचूला के बाज़ार में
माँ की रसोई से दूर
अपनी नयी रसोई के लिए

उस कटोरी से पी थी मैंने दाल
अपने हाथों से पहली बार पकाकर
और जाना था अपने हाथों का स्वाद
वही कटोरी न जाने कहाँ गुम हो गयी

अब जबकि धारचूला की मेरी रसोई से
ज़्यादा व्यवस्थित है इस क़स्बे में मेरी पत्नी की रसोई
अब जबकि दाल का स्वाद भी
ख़ूब उतरता है मन में
अब जबकि चीज़ें भी कम नहीं हैं
ज़रूरत के मुताबिक घर में
तब भी न जाने क्यों याद आ रही है वह कटोरी!

रामबचन भगत

सब ठीके है बाबू
दिन भर करते हैं
तो शाम को खाते हैं
इसमें क्या है नया
जो बताऊँ आपको
वैसे जब भी मिलता हूँ आपसे
तब न भी चाहूँ तो
याद आते हैं
तीस-पैंतीस साल पुराने दिन
जिनमें लौटना भी चाहूँ
तो नहीं लौट सकता

अब न गाँव बचा न खेत
सब समा गया नदी के पेट में,
इतना कहकर वह छिड़कने लगता है सब्जियों पर पानी
छाँटने लगता है भिंडी
फिर कुछ याद करते हुए बताता है
बीस बरस हुए दिल्ली में सब्जी बेचते
यहाँ कभी नहीं मिला सरपुतिया
और तो और
यहाँ तरोई और नेनुआ
दोनों को कहते हैं तोरी
शुरू-शुरू में बहुत मुश्किल हुआ था मुझे

एक घर था

एक घर था
जिसमें रहते हुए
हम रहना नहीं चाहते थे उसमें

हम चाहते थे एक ऐसा घर
जिसमें हवा आती हो
रोशनी आती हो
और जिसकी खिड़कियाँ
सपनों की राह न रोकती हों

हमें मिला भी एक घर
जिसमें कई खिड़कियाँ थीं
और जगह हमारी सोच से ज़्यादा
इतनी ज़्यादा
कि दो जनों के बीच
अब जगह ही जगह थी।

वहाँ सपने
हवा के साथ मिलकर
खाली जगह में
बवंडर की तरह मँडरा रहे थे।

बहाव

नदी देखे महीनों बीत गये
और नदी में नहाये वर्षों

नदी कभी जीवन से
ऐसे बह जाएगी धीरे-से
सोचा भी न था किशोर दिनों में

ऐसा नहीं कि
नदी की सिर्फ़ अच्छी स्मृतियाँ ही हैं मन में
नदी की नाशलीला भी देखी है हमने

नदी ने दिया जीवन
नदी में डूबा जीवन
नदी की आँखों से निकले सपने
नदी के पेट में डूबे सपने

किसानों की 'वाह' में नदी
किसानों की 'आह' में नदी

नदी ने सिखाया था
अँजुरी में जल रोकना
भरा रखना अँजुरी को

हर नहान में नदी ने
दिया बहुत कुछ
लिया कुछ भी नहीं

जाने क्यों अब लगता है
जैसे किताब होती हैं नदियाँ
जो चाहे जहाँ से पढ़ ले
अपनी पसन्द का कोई पन्ना

रोकती नहीं हैं नदियाँ
टोकती नहीं हैं नदियाँ
अपनी ओर से अपना कोई बयान भी
जारी नहीं करतीं हैं नदियाँ
बस अपना बहाव नहीं रोकती हैं नदियाँ

नदियाँ माँ होती हों
या न होती हों
गुरु ज़रूर होती हैं

उनकी हर उमंग में
हर तरंग में
जीवन की ज्योति छिपी होती है

जीवन चलता है धीरे-धीरे
नदियाँ बहती हैं मन्थर-मन्थर
कभी वेग में जीवन आता है
कभी वेग में नदियाँ

नदियाँ चुप-चुप कुछ भी नहीं करतीं
सन्नाटे में भी उभरता है
उनका कंठ राग।

असुन्दर सुन्दर

अब कैसा होगा बोधू
चपल-शरारती या चुप-चुप रहता होगा

उन दिनों सवेरे से साँझ तक
ठटता था वह
हाड़-हाड़ दिखता था
आँखें धँस गयी थीं
देखने वाले समझते थे उसकी उम्र पचास
जबकि वह था केवल पैंतीस का

गूँगा-बहरा बोधू मालिक नहीं हलवाहा था
चराता था भैंस

उससे डरते थे बच्चे
न जाने उसे देखकर
या उसकी आँखों की चमक देखकर
पर भागते थे 'माँ-माँ' चिल्लाते हुए
कभी-कभी हाथ नचाकर
वह डराता भी था बच्चों को हँसते हुए

जिस समय हँसता था वह
पीयराये दाँतों और झौंसाये चेहरे के साथ
सुन्दर कहीं से नहीं लगता था

वह लँगड़ाता हुआ भागता रहता था
भैंसों के पीछे-पीछे
'गों गों' करते हुए
लाठी पटकते हुए

वह मार भी खाता था आए दिन
इल्ज़ाम भी लगते थे उस पर तरह-तरह के
पर आगे नाथ न पीछे पगहा को चरितार्थ करता वह
प्रतिरोध में पी जाता था अपने आँसू
और अगले ही घंटे फिर लग जाता था काम पर
जैसे कोई और चारा ही न हो उसके पास

मैं नहीं जानता उसे परख थी या नहीं सुन्दर असुन्दर की
उसका कोई सौन्दर्यबोध था भी या नहीं
पर जब भी वह देता था पानी फुलवारी में
कुछ पानी-पानी सा दिखता था उसके चेहरे पर
लगता था हँसते थे उसके रोम-रोम तक।

रूमाल की तरह

यह उन्नीस सौ अट्ठानवे की
आठ मई की डायरी है
एक पन्ना फड़फड़ा रहा है
एक सूखे फूल से
अब भी आ रही है सुगन्ध

पहाड़ों का रंग दर्ज है
इस डायरी में
जंगल की हरियाली
झाँक रही है
शब्दों के बीच छूटी जगह से
बिलकुल ऊपर लिखा है
'कालिदास का मेघ
ज़रूर गया होगा धारचूला होकर'

कुछ शब्द लिपे-लिपे से हैं
थोड़ी-सी नमी है
अब भी पृष्ठ पर
थोड़ा-सा विश्वास है शब्दों में

पीछे कई बरस बीत गये
आज जब मैं गुज़र रहा हूँ इस डायरी से
तब बीत रही है साँझ

दो हज़ार पाँच के तेरह अप्रैल की
इस बीच दुनिया बदल गयी है बहुत
जैसे बहुत कुछ बदल गया है
मेरे भीतर मेरे बाहर

अब मुझे मालूम है
कैसे बदल जाती है मंडी की रौनक़
सब्ज़ियों का स्वाद
कैसे बदल जाता है उनके दाम से
अब मैं थोड़ा-बहुत बता सकता हूँ
कि एक हवाई चप्पल को पहना जा सकता है
कितने दिन
कितने दिन अँटकाई जा सकती है
एक बनियान देह पर

इस बीच
कपड़ों के रंग बदलने के मेयार बदल गये हैं
रिश्तों के बीच आ गया है पैसा
जैसे खाने में दाँतों के नीचे कोई कंकड़

वैसे मेरा सन्देश मेरे मेघ ने
ठीक समय पर पहुँचाया था
मेरे हिस्से कभी कोई शाप न रहा
पर यह समय शापित है
इन दिनों
बाज़ार के इतने चेहरे दिखते हैं एक साथ
कि मिथकों में साँस ले रहे सारे मायावी चरित्र
मिलकर भी नहीं बना सकते उतने चेहरे

वह बेधड़क समा जाता है

हमारे अन्तरंग क्षणों में
वह पलक झपकते जान लेता है
हमारी हँसी का रहस्य
उसके पास हिसाब है
हमारी पुतलियों के हिलने-डुलने का
वह हमारी जीभ और आत्मा को
रखना चाहता है अपने क़ब्ज़े में

देखिये, ग़ौर से देखिये
ठीक इसी समय
जब मैं पढ़ रहा हूँ
अपनी डायरी का यह पन्ना
उसके मुँह से चू रही है लार
वह बढ़ रहा है
हमारी इच्छाओं की डोर थामे
अब वह लपकना चाहेगा हमारी आत्माओं को
जिनका इस्तेमाल करना चाहता है वह
रूमाल की तरह।

□□□